CARNÍVOROS GIGANTES

POR **"DINO" DON LESSEM**
ILUSTRACIONES POR **JOHN BINDON**

Ediciones Lerner / Minneapolis

Para el profesor Rodolfo Coria y familia. Un gigante entre los cazadores de dinosaurios carnívoros.

Traducción al español: copyright © 2006 por ediciones Lerner
Título original : *Giant Meat-Eating Dinosaurs*
Texto: copyright © 2005 por Dino Don, Inc.
Ilustraciones: copyright © 2005 por John Bindon
Fotografías de las págs. 30–31 cortesía de Dino Don, Inc.

La edición en español fue realizada por un equipo de traductores nativos de español de translations.com, empresa mundial dedicada a la traducción.

ediciones Lerner
Una división de Lerner Publishing Group
241 First Avenue North
Minneapolis, MN 55401 EUA

Dirección de Internet: www.lernerbooks.com

Library of Congress Cataloging-in-Publication Data

Lessem, Don.
    (Giant meat-eating dinosaurs. Spanish)
    Carnívoros gigantes / por "Dino" Don Lessem ; ilustraciones por John Bindon.
       p.   cm. — (Conoce a los dinosaurios)
    Includes index.
     ISBN-13: 978-0-8225-2962-0 (lib. bdg. : alk. paper)
     ISBN-10: 0-8225-2962-9 (lib. bdg. : alk. paper)
     1. Dinosaurs—Juvenile literature. 2. Carnivora, Fossil—Juvenile literature. I. Bindon, John, ill. II. Title.
    QE861.5.L47718 2006
    567.912–dc22   2005008930

Fabricado en los Estados Unidos de América
1 2 3 4 5 6 – DP – 11 10 09 08 07 06

CONTENIDO

CONOCE A LOS CARNÍVOROS GIGANTES

¡BIENVENIDOS, FANÁTICOS DE LOS DINOSAURIOS!

Soy "Dino" Don. Los dinosaurios son mis animales favoritos. Algunos de los dinosaurios más aterradores que han existido eran gigantes carnívoros. Éstos son algunos datos sobre los dinosaurios que conocerás en este libro. ¡Que te diviertas!

ALBERTOSAURUS
Longitud: 26 pies
Hogar: oeste de Norteamérica
Época: hace 70 millones de años

ALLOSAURUS
Longitud: 35 pies
Hogar: oeste de Norteamérica
Época: hace 150 millones de años

CARCHARODONTOSAURUS
Longitud: 40 pies
Hogar: norte de África
Época: hace 100 millones de años

DELTADROMEUS
Longitud: 26 pies
Hogar: norte de África
Época: hace 97 millones de años

DILOPHOSAURUS
Longitud: 20 pies
Hogar: este de Asia, oeste de Norteamérica
Época: hace 200 millones de años

GIGANOTOSAURUS
Longitud: 45 pies
Hogar: sur de Sudamérica
Época: hace 100 millones de años

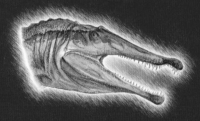

SPINOSAURUS
Longitud: por lo menos 40 pies
Hogar: norte de África
Época: hace 97 millones de años

TYRANNOSAURUS REX
Longitud: 40 pies
Hogar: oeste de Norteamérica
Época: hace 65 millones de años
Apodo: *T. rex*

BIENVENIDO A LA
ÉPOCA DE LOS DINOSAURIOS

¡Cuidado! El *Tyrannosaurus rex* ataca. Este *Triceratops* está en problemas. Ni siquiera sus largos cuernos podrán salvarlo del carnívoro gigante.

El *T. rex* tiene dientes filosos del tamaño de plátanos. De una mordida puede triturar muchos huesos de dinosaurios más pequeños, como el *Triceratops*.

LA ÉPOCA DE LOS CARNÍVOROS GIGANTES

Dilophosaurus

Allosaurus

Hace 228 millones
de años

Hace 200 millones
de años

Los dinosaurios como el *T. rex* y el
Triceratops vivieron hace millones de años,
mucho antes que los seres humanos. Los
dinosaurios se parecían a los reptiles en
algunas cosas. Ponían huevos, igual que
las tortugas y otros reptiles. Algunos tipos
de dinosaurios tenían piel escamosa.

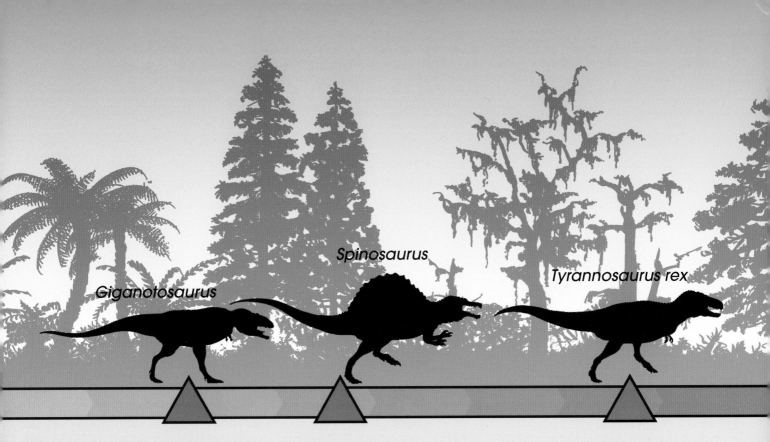

Giganotosaurus

Spinosaurus

Tyrannosaurus rex

Hace 145 millones
de años

Hace 97 millones
de años

Hace 65 millones
de años

Sin embargo, los dinosaurios no eran reptiles.
Las aves son parientes más cercanos de los
dinosaurios que los reptiles. La mayoría de
los reptiles caminan contoneándose sobre
patas dobladas. La mayoría de los
dinosaurios caminaban con las patas
estiradas bajo el cuerpo, como las aves.
Los seres humanos también caminan así.

EL TAMAÑO DE LOS DINOSAURIOS

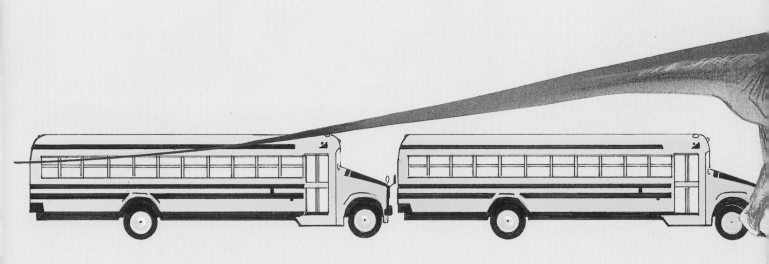

Muchos tipos de dinosaurios comían plantas y se llamaban herbívoros. Otros comían carne y se llamaban carnívoros. Muchos carnívoros eran **depredadores**, es decir, animales que cazan y comen otros animales. Los dinosaurios carnívoros caminaban sobre dos patas. Sus huesos eran huecos, como los de las aves.

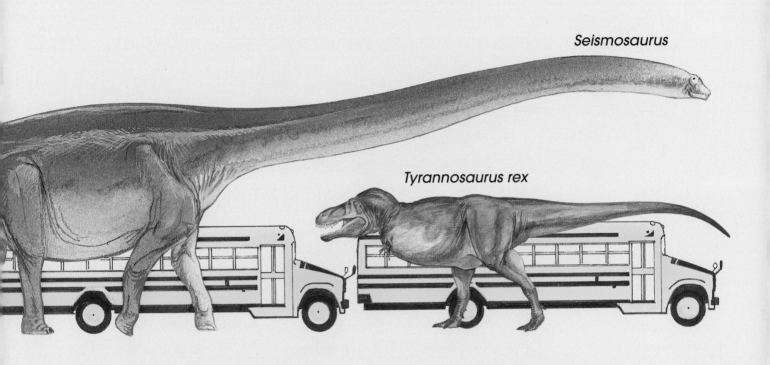

Seismosaurus

Tyrannosaurus rex

Algunos carnívoros eran más pequeños
que un gato. Otros, como el *Tyrannosaurus
rex,* medían más que un autobús escolar. El
herbívoro más grande, un dinosaurio
llamado *Seismosaurus,* ¡era más largo que
cuatro autobuses!

HALLAZGOS DE FÓSILES DE DINOSAURIOS

Los números en el mapa de la página 13 indican algunos de los lugares donde se han encontrado fósiles de los dinosaurios que aparecen en este libro. En esta página puedes ver los nombres y las siluetas de los dinosaurios que corresponden a los números en el mapa.

1. Albertosaurus
2. Allosaurus
3. Carcharodontosaurus
4. Deltadromeus

5. Dilophosaurus
6. Giganotosaurus
7. Spinosaurus
8. Tyrannosaurus rex

Hemos aprendido todo lo que sabemos sobre los dinosaurios a través de sus **fósiles.** Los fósiles son rastros de criaturas que vivieron hace mucho tiempo. Los huesos, las huellas y los dientes ayudan a los científicos a imaginar cómo vivían los dinosaurios. ¡Incluso podemos saber qué comían al estudiar fósiles de excremento!

Los fósiles no pueden decirnos todo acerca
de los dinosaurios. Sólo podemos suponer
de qué color eran y cómo sobrevivían en
su peligroso mundo. Hagamos un viaje por
la época de los dinosaurios y veamos lo
que hemos aprendido sobre los carnívoros
gigantes.

A LA CAZA

Estamos en Sudamérica, hace 100 millones de años. Una manada de *Giganotosaurus* ha rodeado a un enorme herbívoro asustado. El *Giganotosaurus* es el carnívoro más grande que se ha descubierto. Pesaba 20,000 libras, ¡el equivalente a dos elefantes!

El *Giganotosaurus* puede haber cazado
solo, cortando fácilmente a los animales
más pequeños con sus largos y afilados
dientes. Es posible que un grupo de
Giganotosaurus haya logrado enfrentar a
este gigantesco *Argentinosaurus.*

Un par de hambrientos *Tyrannosaurus rex*
pelean en el oeste de Norteamérica, hace
65 millones de años. Los científicos no
creen que estos gigantes se hayan cazado
unos a otros, pero pueden haber peleado
por alimento o territorio.

El *T. rex* probablemente era el carnívoro gigante más inteligente, rápido y poderoso. Sus agudos sentidos de la vista y del olfato le ayudaban a rastrear **presas,** los animales que mataba y comía. Sus enormes mandíbulas podían arrancar más de 200 libras de carne de una mordida.

Estamos en el oeste de Norteamérica, hace
150 millones de años. El *Allosaurus* es el rey
de este mundo de dinosaurios. Este
Allosaurus acaba de derribar al
Stegosaurus con sus patas delanteras de
tres dedos.

Los científicos creen que las poderosas
patas delanteras con garras ayudaban a
muchos carnívoros gigantes a derribar a
sus presas. ¿Podrías haber escapado de un
Allosaurus hambriento? ¡Tal vez! Eres más
inteligente y quizá más rápido.

Hace 70 millones de años, en el oeste de Norteamérica, un *Albertosaurus* despedaza el cuerpo de un *Edmontonia* muerto. El *Albertosaurus* no mató a este dinosaurio acorazado. El *Edmontonia* tal vez murió de una enfermedad o de viejo.

Es probable que muchos carnívoros gigantes fueran **carroñeros** además de cazadores. Los carroñeros buscan y comen los cuerpos de animales muertos. Los buitres y los coyotes son dos carroñeros de nuestra época.

LA VIDA Y LA MUERTE

¿Cómo crecían y vivían los carnívoros gigantes? No tenemos información suficiente de los fósiles para estar seguros. No obstante, los fósiles nos han indicado que los dinosaurios nacían de huevos. El huevo de un carnívoro gigante tal vez era dos veces más grande que un balón de fútbol americano.

¿Podían cazar las crías de los carnívoros gigantes? Tal vez, o quizá sus padres les llevaban trozos de carne. Estos *Dilophosaurus* alimentan a sus crías en el este de Asia, hace 200 millones de años.

Estamos en un bosque en el norte de África, hace 100 millones de años. Cuatro carnívoros gigantes jóvenes luchan y se muerden. Estos *Carcharodontosaurus* en realidad no están peleando, sino jugando.

Muchos depredadores actuales, como los leones, lobos y gatos, aprenden a cazar jugando a que pelean. Es posible que los dinosaurios carnívoros también lo hicieran.

Incluso un carnívoro gigante podía servir
de alimento. Estamos en el norte de África,
hace 97 millones de años. Un grupo de
Deltadromeus se alimenta del cuerpo de
un *Spinosaurus*. Este gigante, que tiene una
vela en el lomo, tal vez murió de
enfermedad o de viejo, o quizá los veloces
Deltadromeus lo mataron.

Un carnívoro gigante muerto habría sido un gran banquete para los carroñeros. Es posible que el *Spinosaurus* creciera hasta medir 60 pies, ¡el tamaño de tres *Dilophosaurus*! Los científicos no han encontrado suficientes fósiles para estar seguros.

Nuestro viaje por la época de los dinosaurios termina hace 65 millones de años. Muchos científicos creen que fue entonces cuando un objeto del espacio llamado **asteroide** se estrelló contra la Tierra. El asteroide pudo haber cambiado el clima de la Tierra al provocar incendios y erupciones de volcanes.

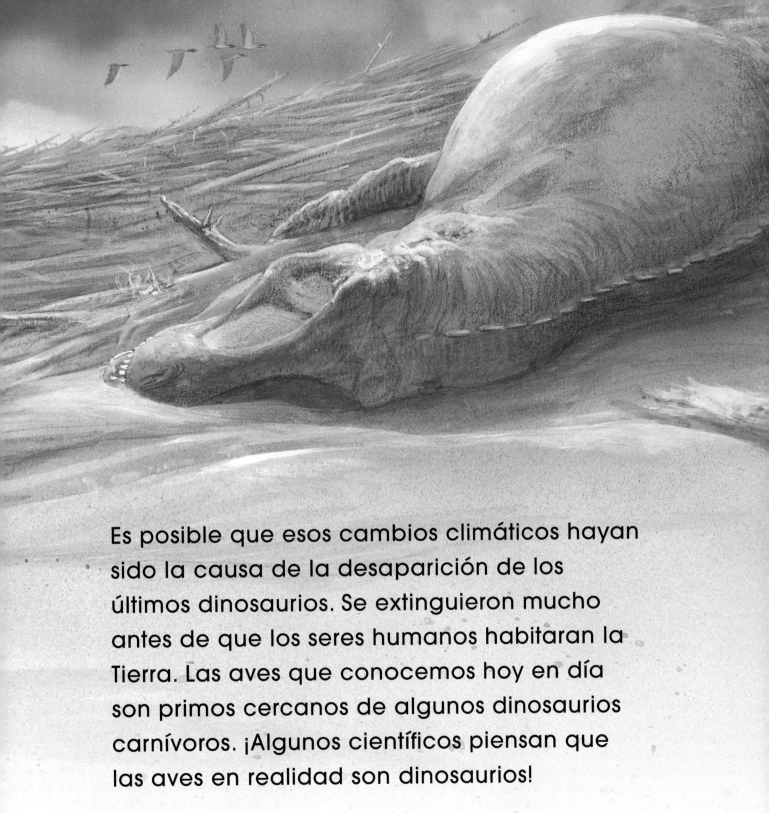

Es posible que esos cambios climáticos hayan sido la causa de la desaparición de los últimos dinosaurios. Se extinguieron mucho antes de que los seres humanos habitaran la Tierra. Las aves que conocemos hoy en día son primos cercanos de algunos dinosaurios carnívoros. ¡Algunos científicos piensan que las aves en realidad son dinosaurios!

Los carnívoros gigantes ya no existen, pero dejaron muchas pistas sobre cómo vivían. Los científicos encontraron este cráneo de *Giganotosaurus* y varios huesos más. El cráneo es mucho más grande que el cráneo humano que aparece dentro de la boca en esta fotografía.

Los huesos fueron desenterrados de la ladera
de una colina y se enviaron a un museo para
que los limpiaran. Luego se hicieron copias de
los huesos y se construyó un esqueleto con las
copias. El *Giganotosaurus* vuelve a erguirse
con toda su grandeza. ¡Este dinosaurio
carnívoro gigante asusta aun sin la piel!

GLOSARIO

asteroide: gran masa rocosa que se mueve en el espacio

carroñeros: animales que comen los cuerpos de animales muertos

depredadores: animales que cazan y comen otros animales

fósiles: huesos, huellas o rastros de algo que vivió hace mucho tiempo

presas: animales que son cazados y comidos por otros animales

ÍNDICE